A – Z

Malen Kunterbunt

Buchstaben und Bilder zum Ausmalen

Illustration und Text
Elisabeth Draguhn

Books on Demand

Bibliografische Information der Deutschen Nationalbibliothek:
Die Deutsche Nationalbibliothek verzeichnet diese Publikation in der Deutschen Nationalbibliografie; detaillierte bibliografische Daten sind im Internet über http://dnb.dnb.de abrufbar.

© 2016 Elisabeth Draguhn

Herstellung und Verlag:
BoD – Books on Demand, Norderstedt
ISBN 978-3-7412-4981-5

Inhalt

A	a	**Apfel**
B	b	**Bär**
C	c	**Clown** (engl.)
D	d	**Dreieck**
E	e	**Elefant**
F	f	**Flasche**
G	g	**Gießkanne**
H	h	**Haus**
I	i	**Igel**
J	j	**Jaguar**
K	k	**Kappe**
L	l	**Luftballon**
M	m	**Muschel**
N	n	**Nagel**

O	o	**Orange**
P	p	**Paprika**
Q	q	**Quadrat**
R	r	**Radieschen**
S	s	**Sessel**
T	t	**Tasse**
U	u	**Uhr**
V	v	**Vogel**
W	w	**Wolke**
X	x	**Xylophon**
Y	y	**Yak**
Z	z	**Zitrone**

Umlaute: Ää, Öö, Üü und der Buchstabe ß

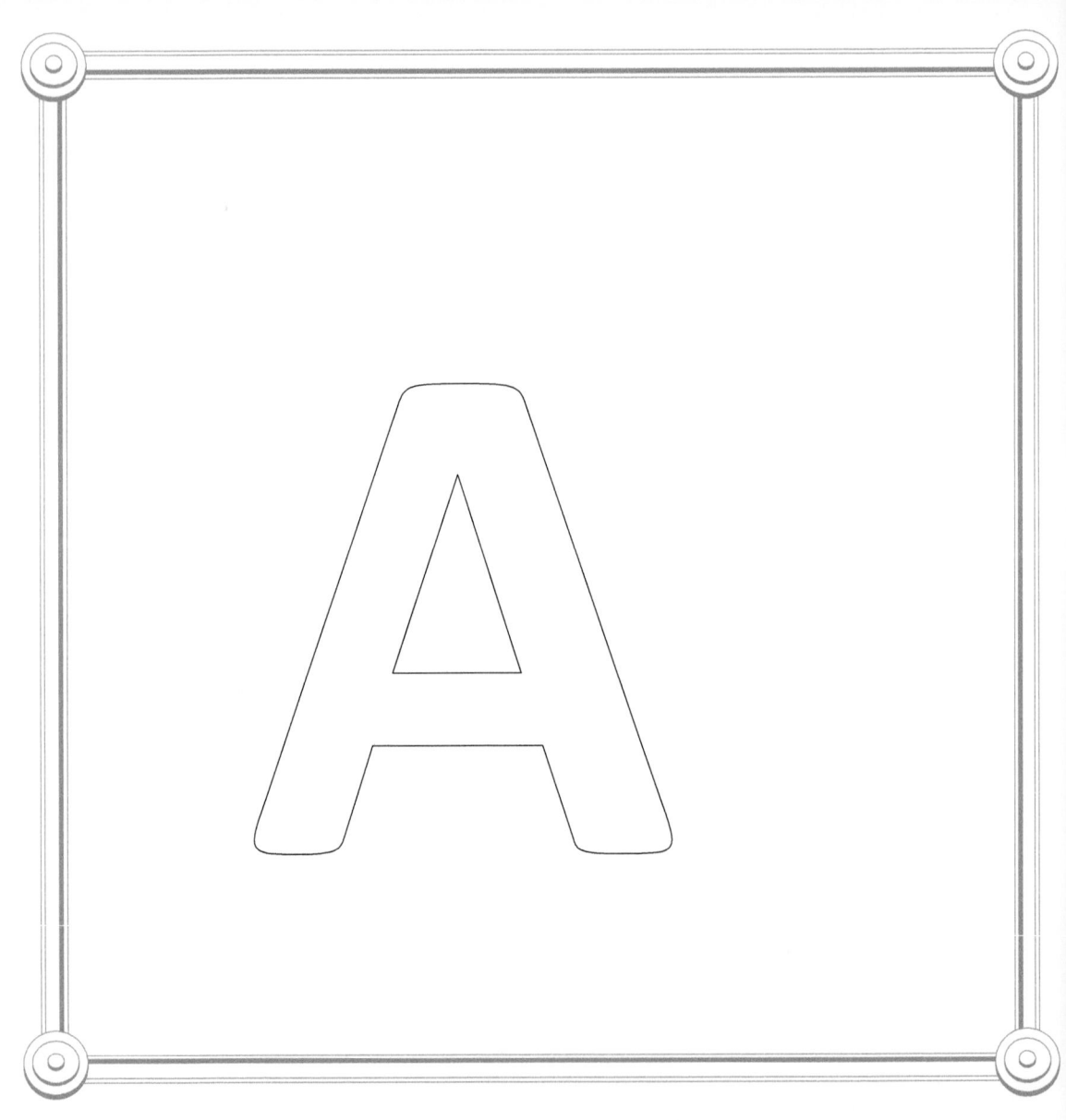

A B C D E F G H I J K L M N O P Q R S T U V W X Y Z

Einen 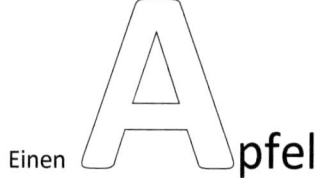pfel

täglich essen, soll sehr gesund sein...

A **B** C D E F G H I J K L M N O P Q R S T U V W X Y Z

Ein  är

ist das Lieblingsspielzeug vieler kleiner Kinder...

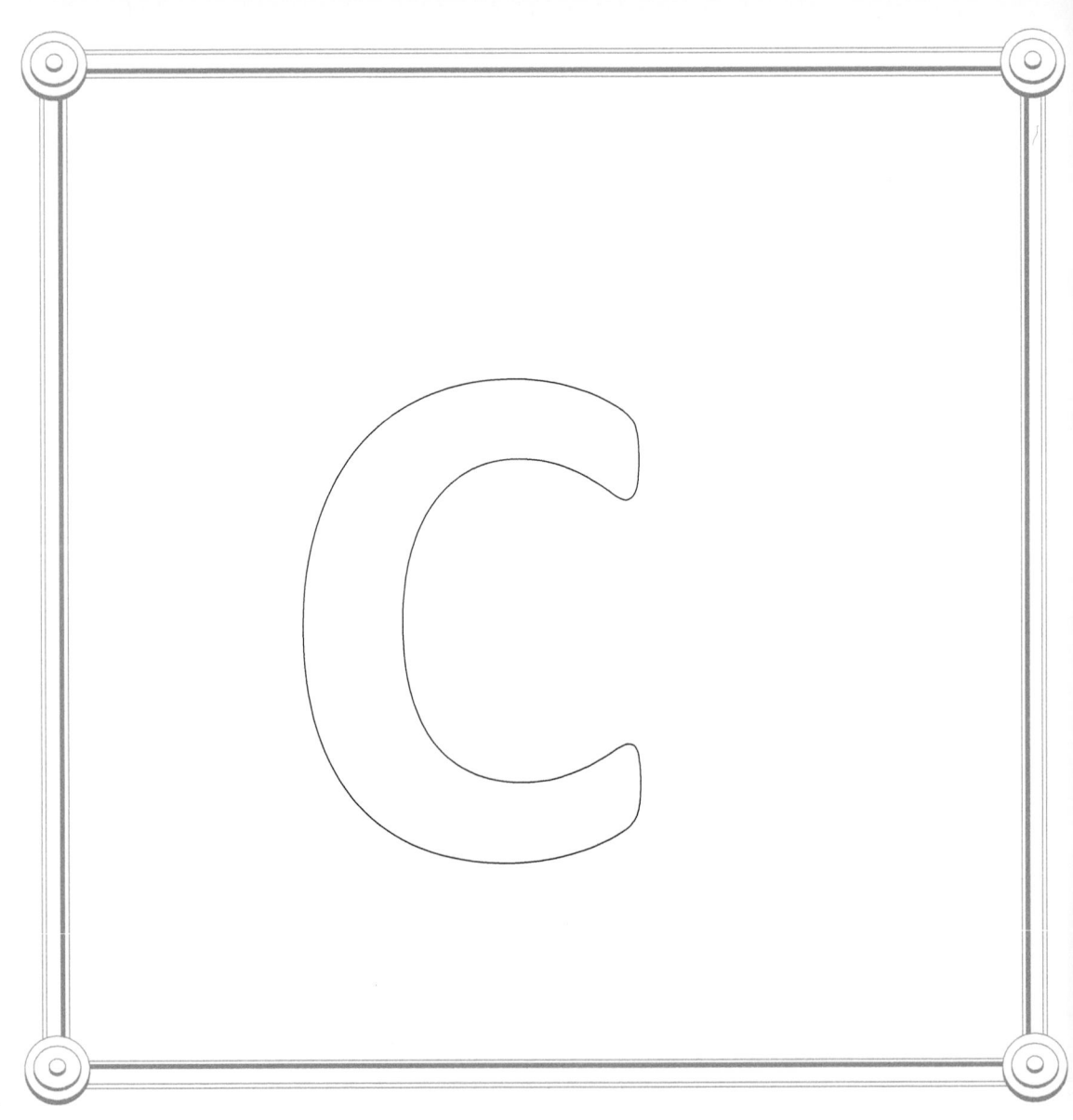

A B **C** D E F G H I J K L M N O P Q R S T U V W X Y Z

Der lown (engl.)

bringt die Zuschauer im Zirkus mit seinen Späßen zum Lachen…

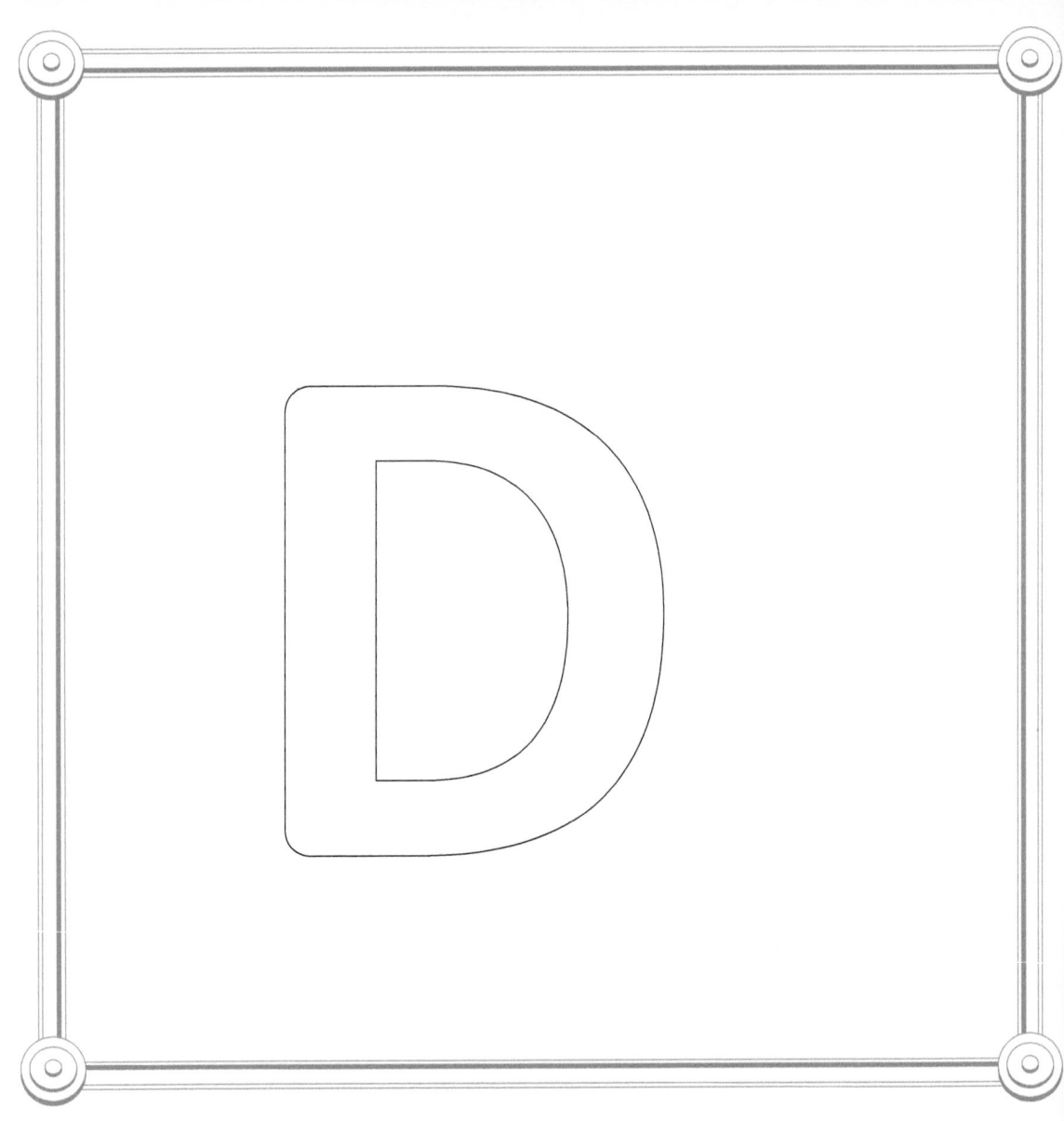

A B C **D** E F G H I J K L M N O P Q R S T U V W X Y Z

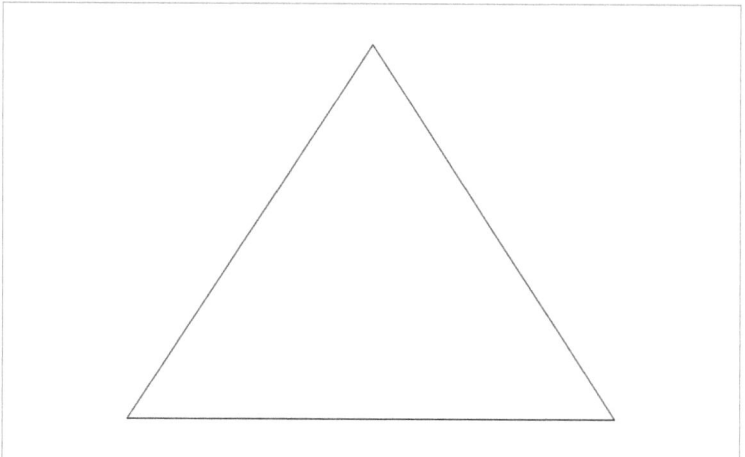

Ein **D** reieck

hat drei Ecken und drei Seiten…

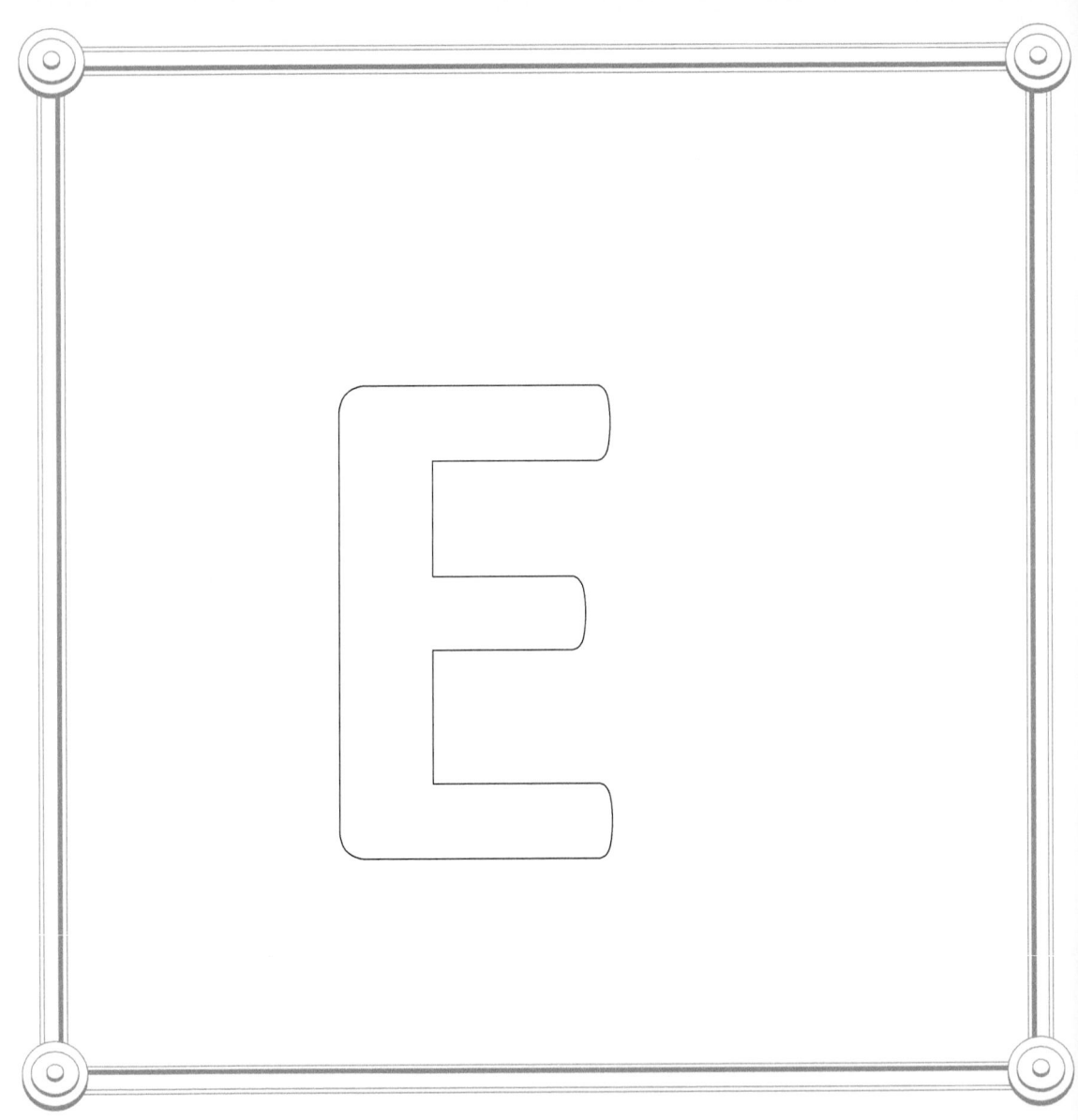

A B C D **E** F G H I J K L M N O P Q R S T U V W X Y Z

Der **E** lefant

ist ein sehr großes Tier und lebt in der Wildnis…

A B C D E F G H I J K L M N O P Q R S T U V W X Y Z

In einer F lasche

kann man ein Getränk aufbewahren...

A B C D E F **G** H I J K L M N O P Q R S T U V W X Y Z

Mit der **G**ießkanne

gießt man Blumen...

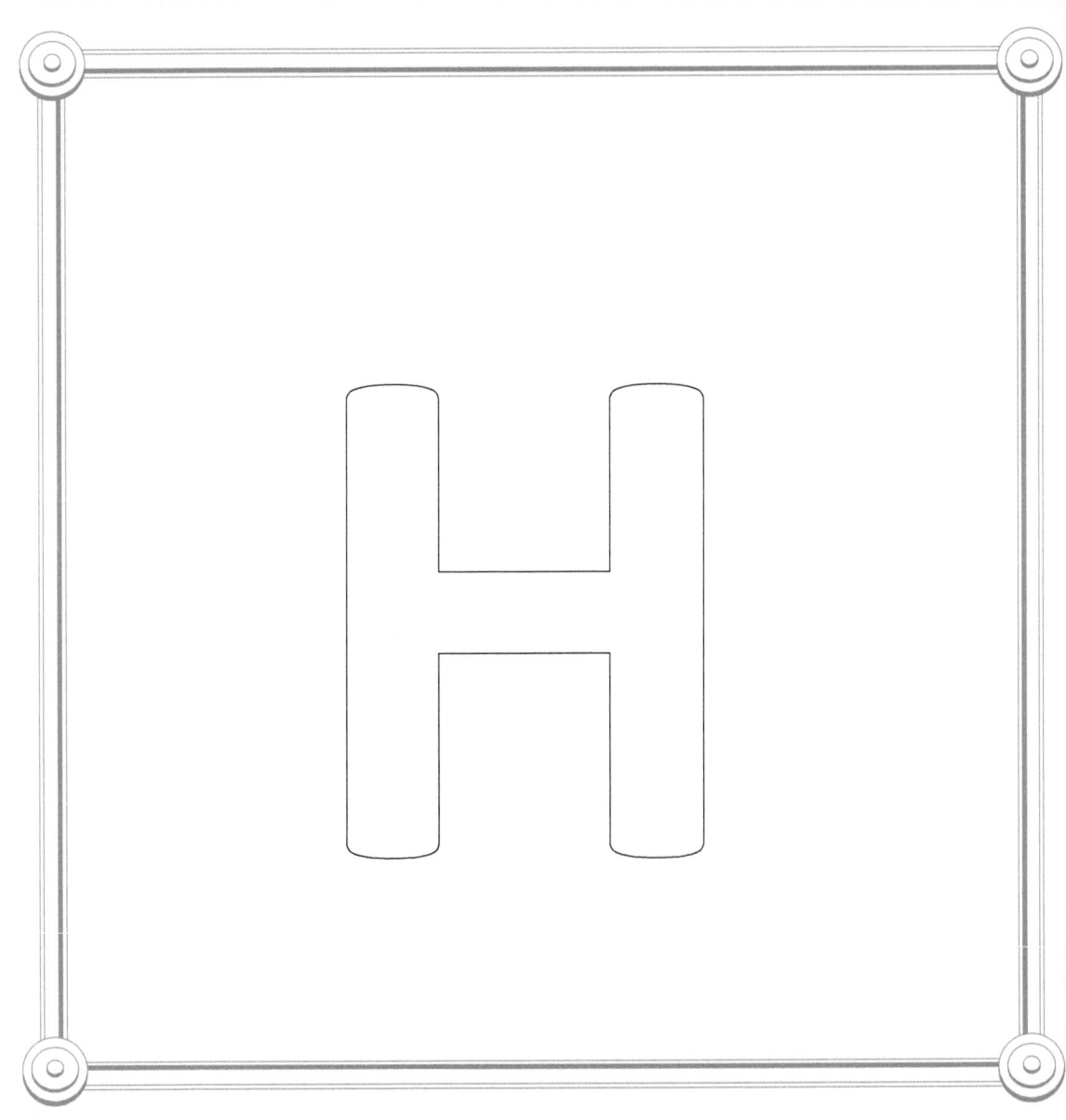

A B C D E F G **H** I J K L M N O P Q R S T U V W X Y Z

Ein 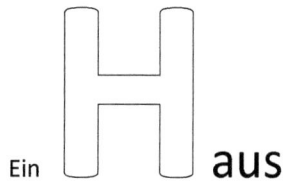 aus

bietet Schutz vor Regen...

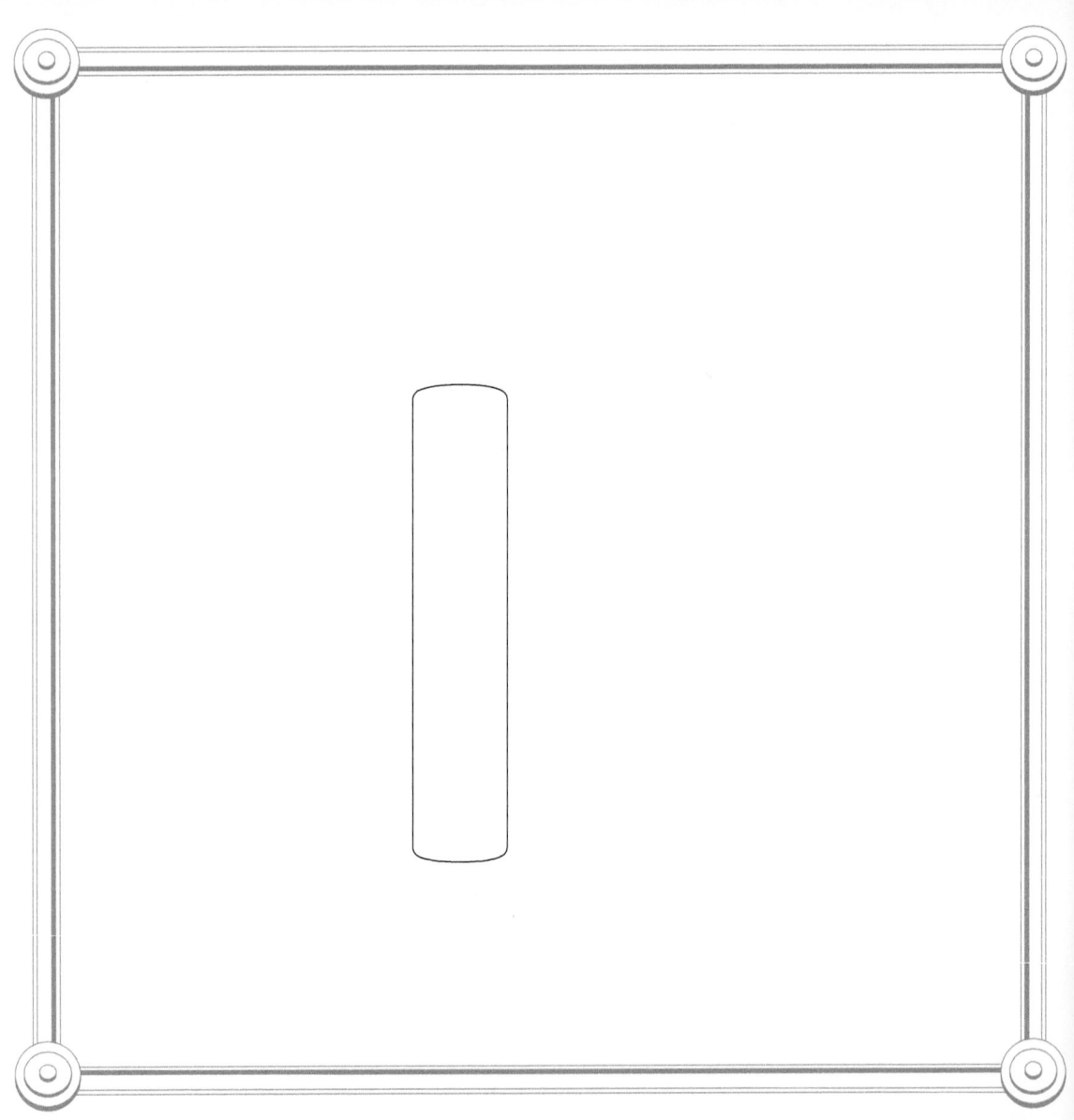

A B C D E F G H **I** J K L M N O P Q R S T U V W X Y Z

☐gel

können sich zusammenrollen…

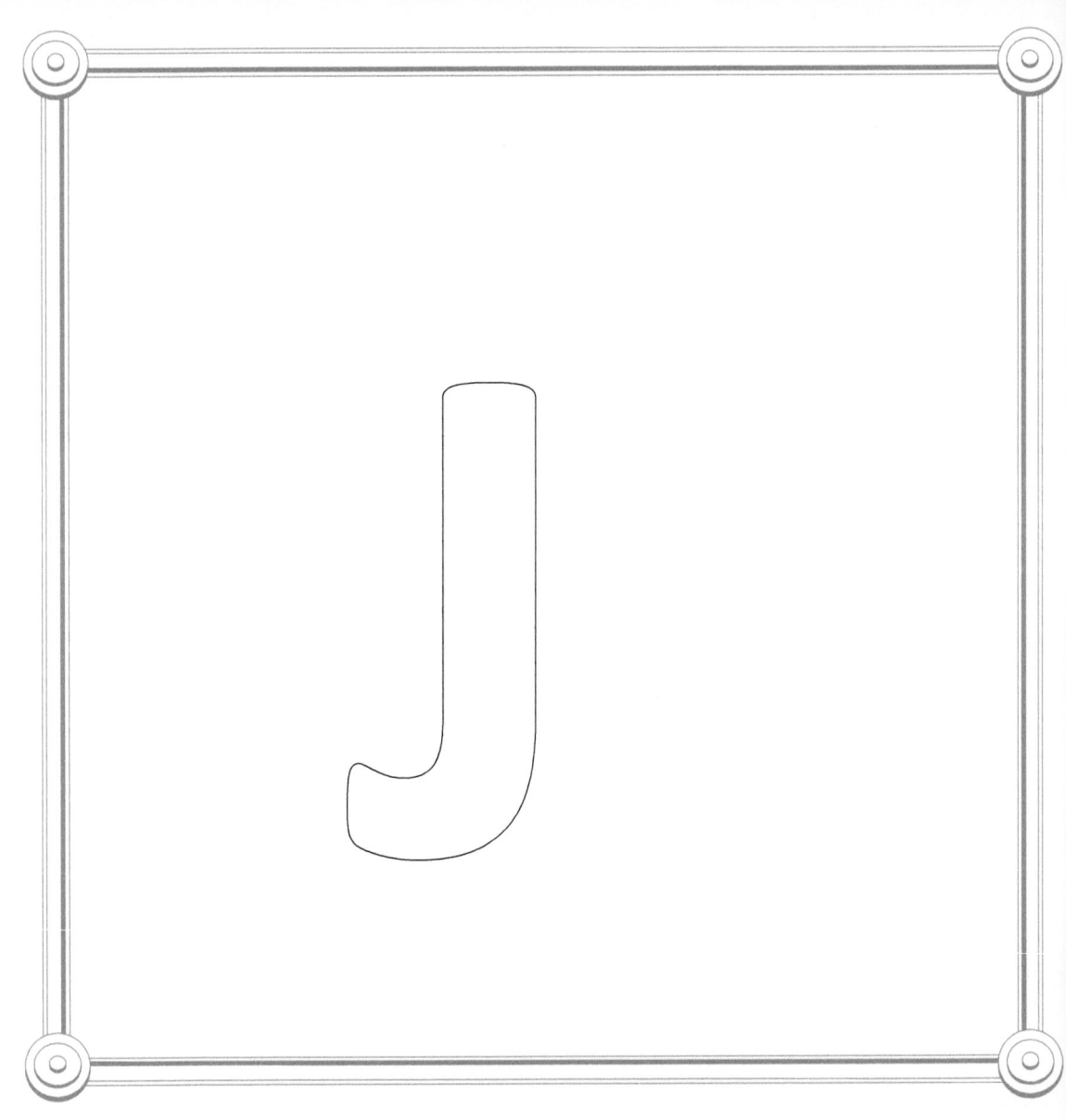

A B C D E F G H I J K L M N O P Q R S T U V W X Y Z

Als Baby ist der Jaguar

putzig, später wird er ein kräftiges Tier…

A B C D E F G H I J **K** L M N O P Q R S T U V W X Y Z

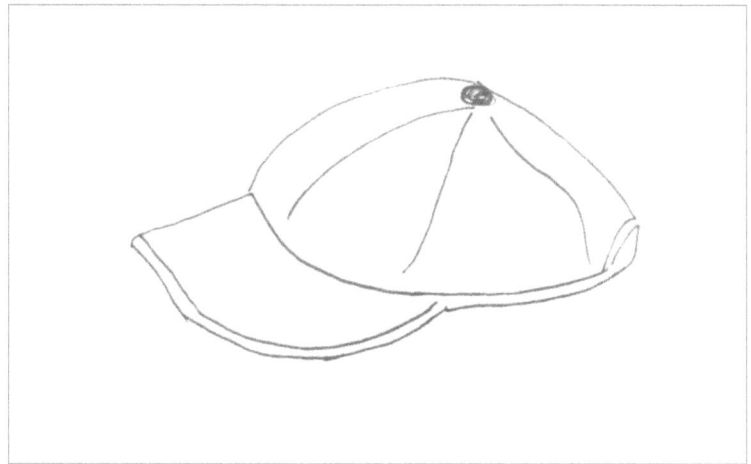

Die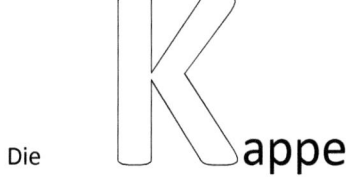

schützt bei warmer Witterung vor zu viel Sonne…

A B C D E F G H I J K **L** M N O P Q R S T U V W X Y Z

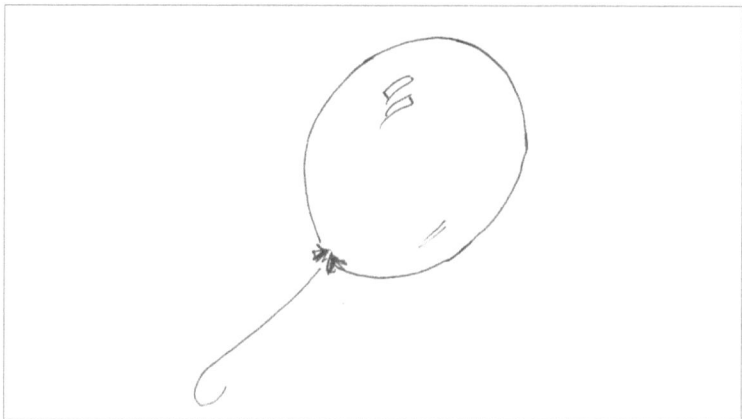

Dieser **L**uftballon ist rot...

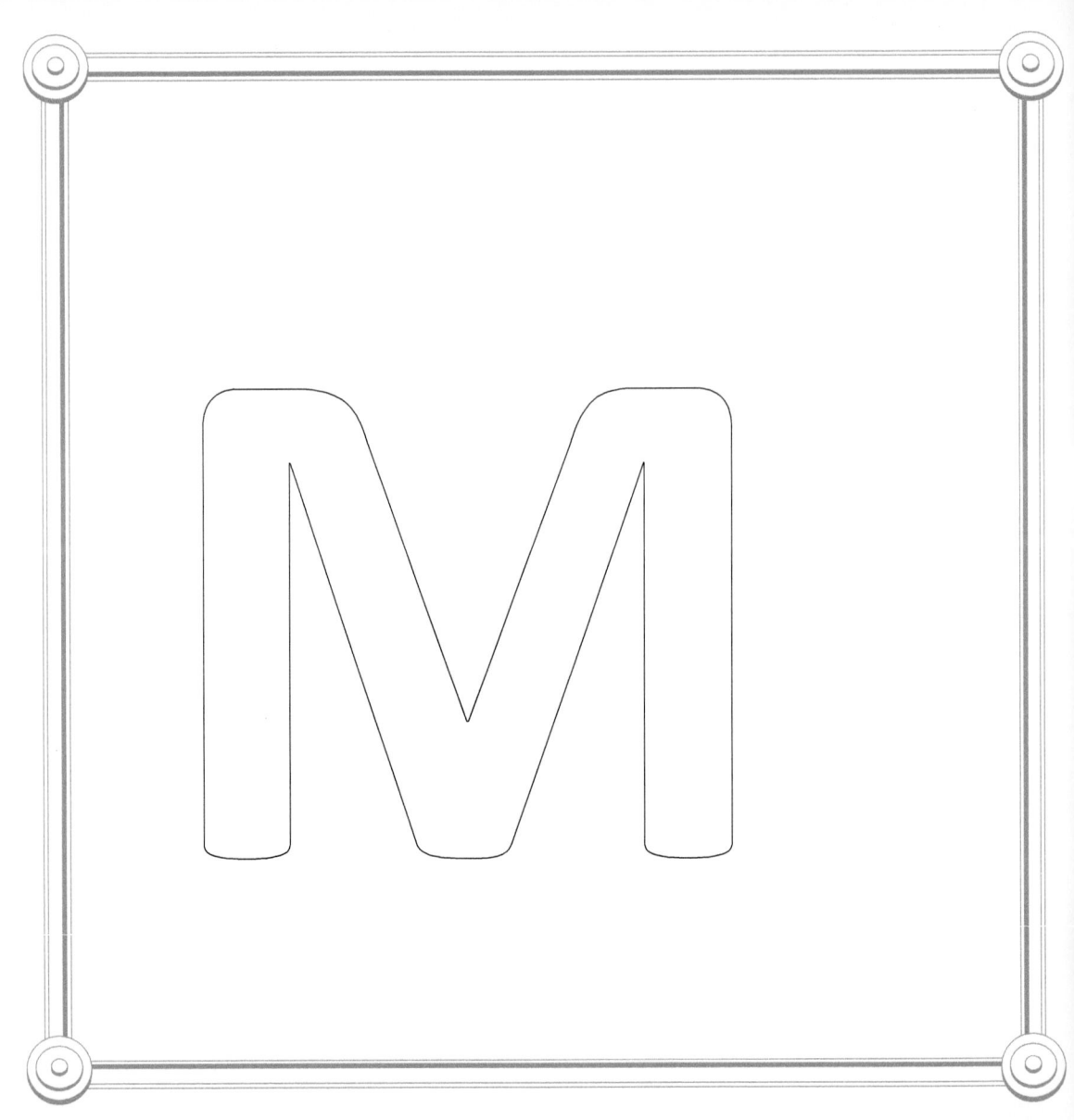

A B C D E F G H I J K L M N O P Q R S T U V W X Y Z

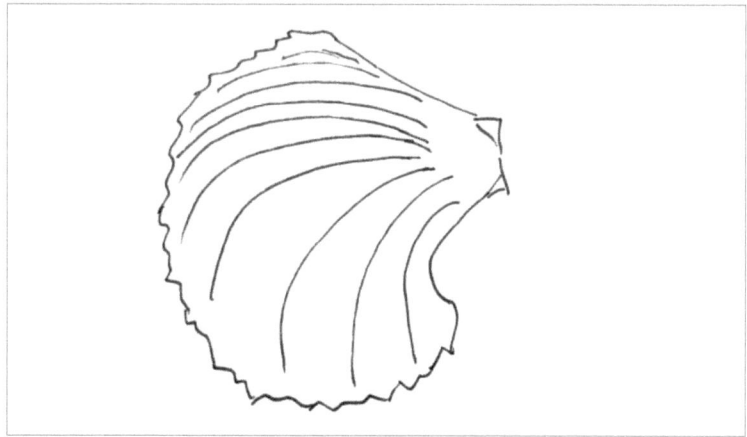

Eine  uschel

findet man am Strand…

A B C D E F G H I J K L M N O P Q R S T U V W X Y Z

Wenn man einen agel

in die Wand klopft, kann man daran ein Bild aufhängen...

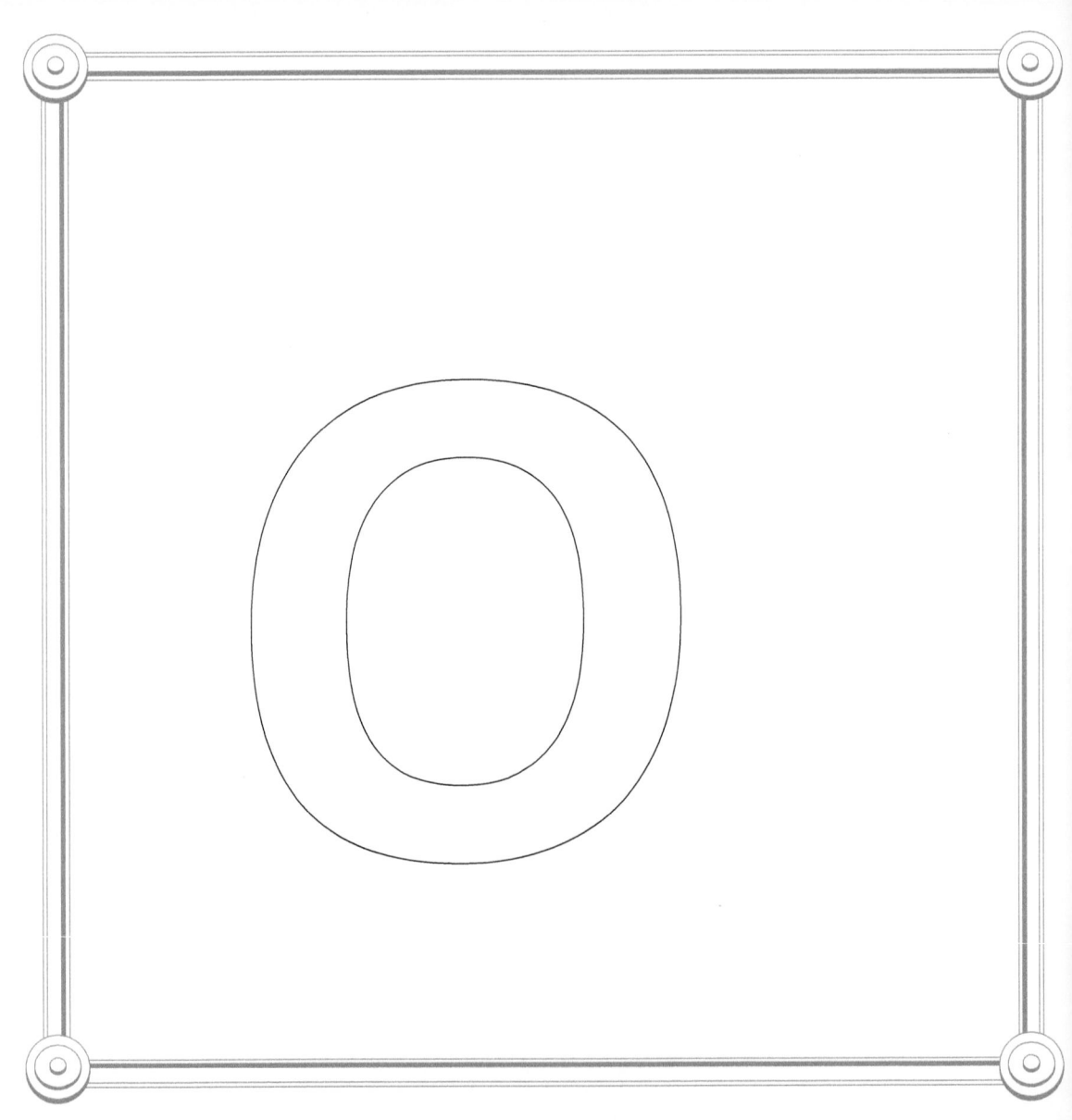

A B C D E F G H I J K L M N **O** P Q R S T U V W X Y Z

Aus einer range

lässt sich köstlicher Saft pressen…

A B C D E F G H I J K L M N O P Q R S T U V W X Y Z

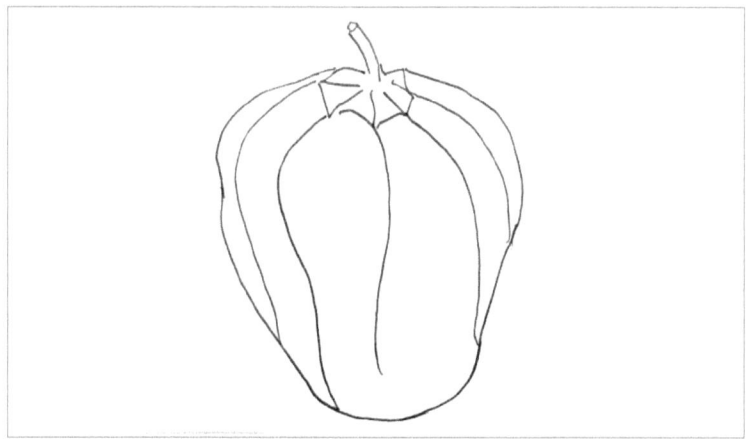

 aprika

ist ein Gemüse. Paprika gibt es auch in grün, orange und gelb...

A B C D E F G H I J K L M N O P Q R S T U V W X Y Z

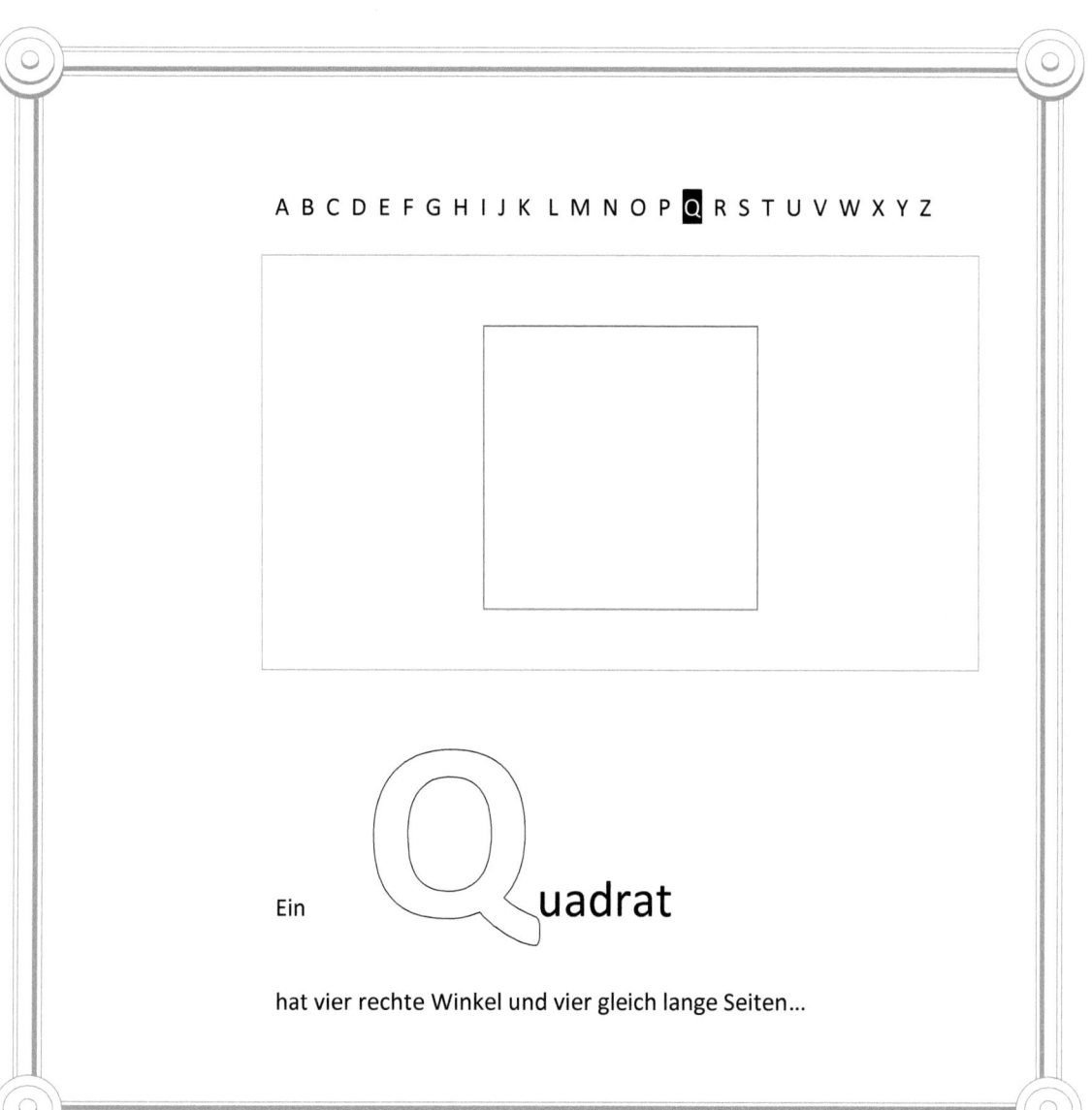

Ein **Q**uadrat

hat vier rechte Winkel und vier gleich lange Seiten…

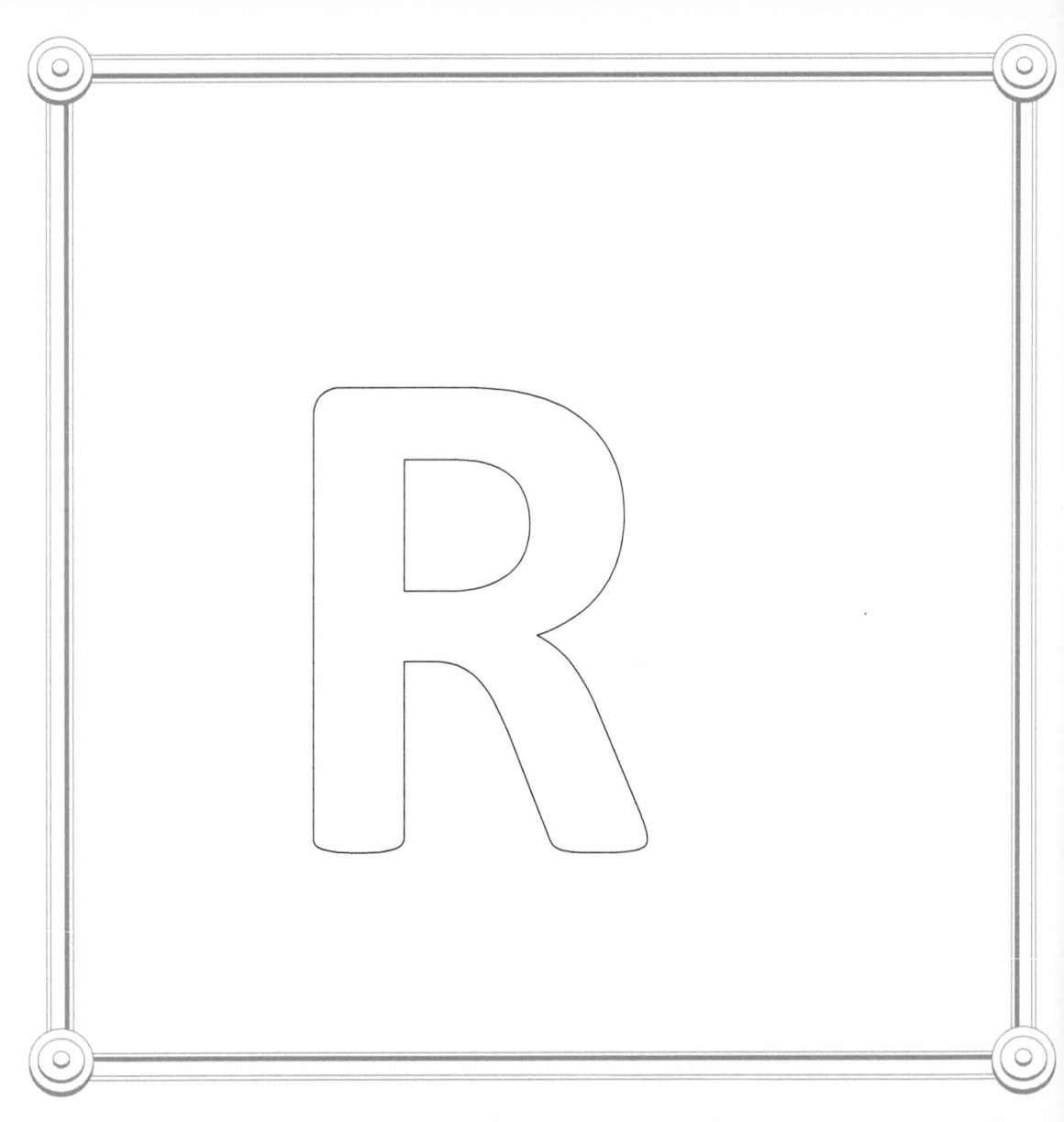

A B C D E F G H I J K L M N O P Q R S T U V W X Y Z

adieschen

wachsen im Garten...

A B C D E F G H I J K L M N O P Q R **S** T U V W X Y Z

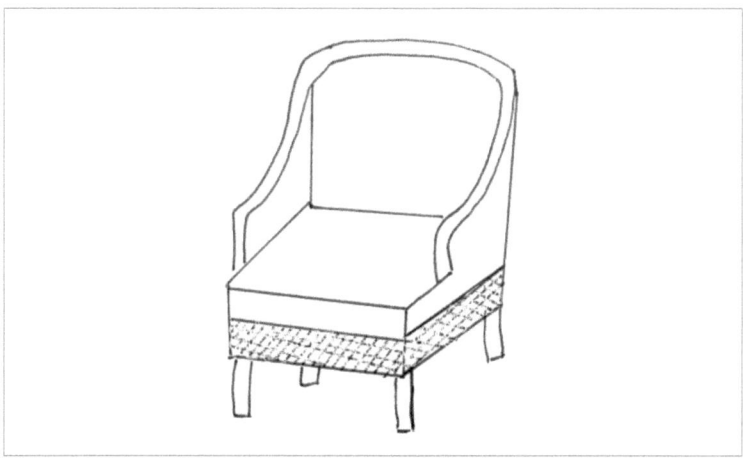

In einem **S**essel

kann man es sich so richtig bequem machen…

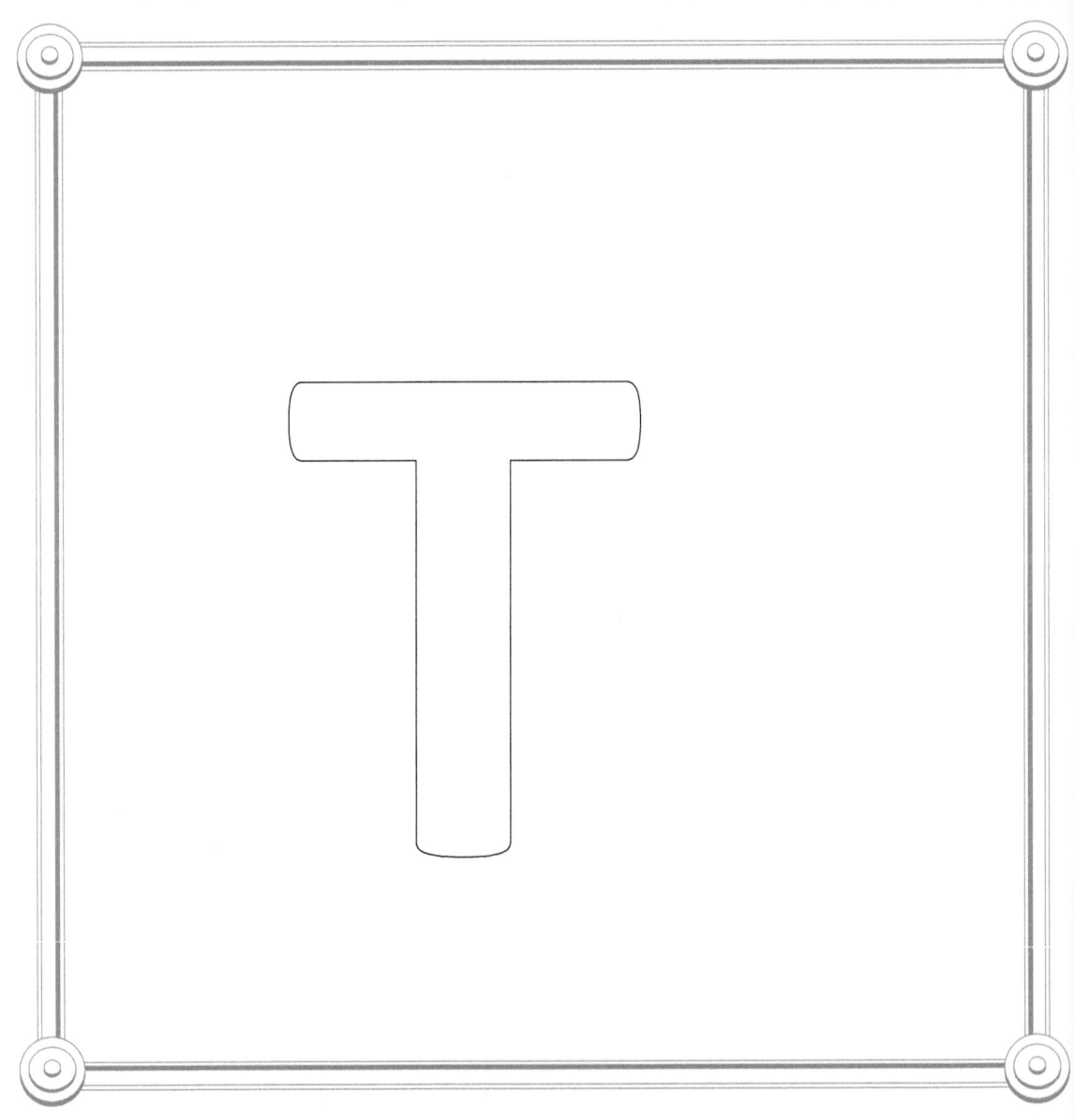

A B C D E F G H I J K L M N O P Q R S **T** U V W X Y Z

Aus einer schönen 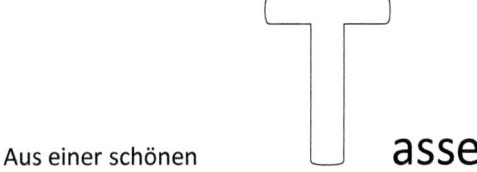 Tasse

schmeckt ein warmes Getränk besonders gut...

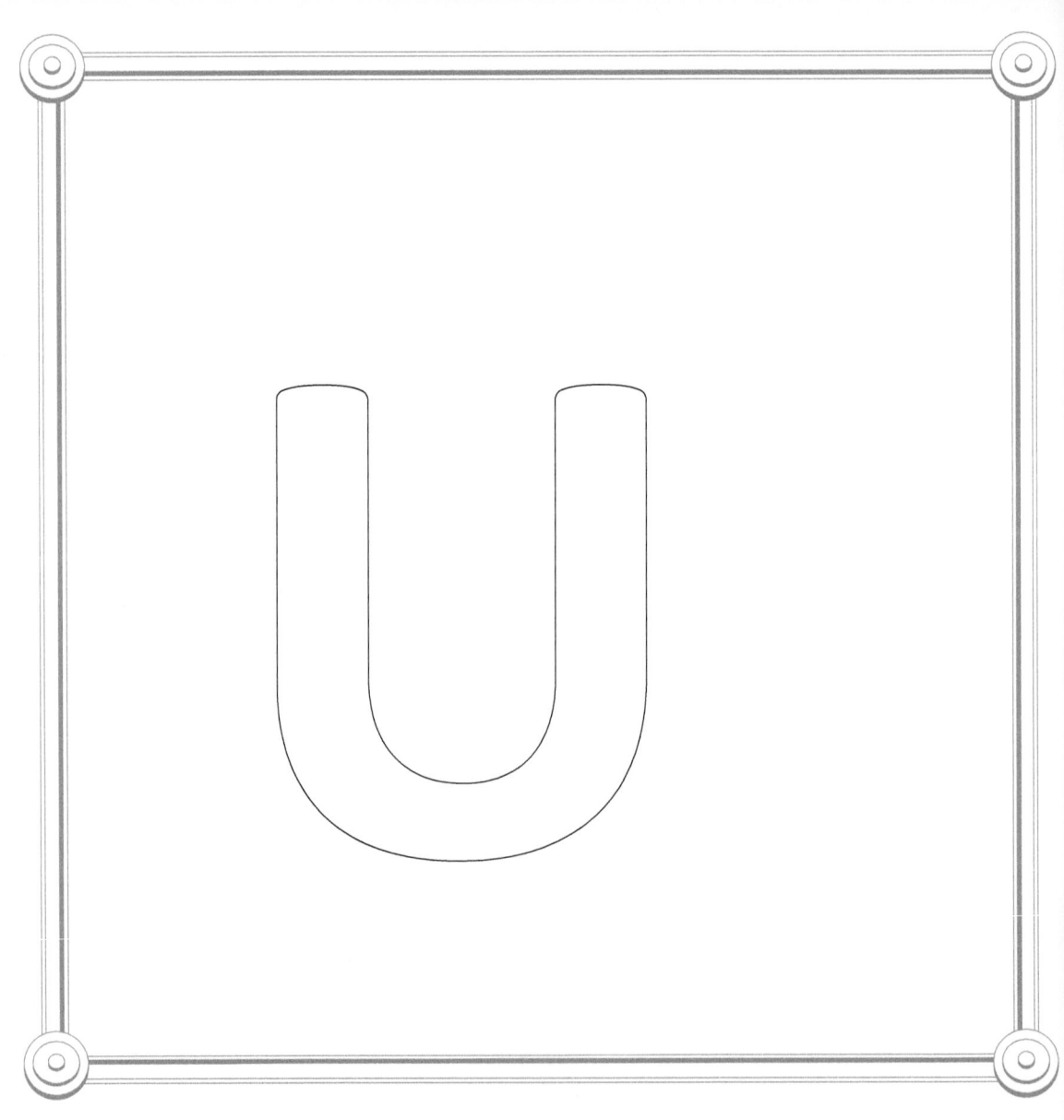

A B C D E F G H I J K L M N O P Q R S T U V W X Y Z

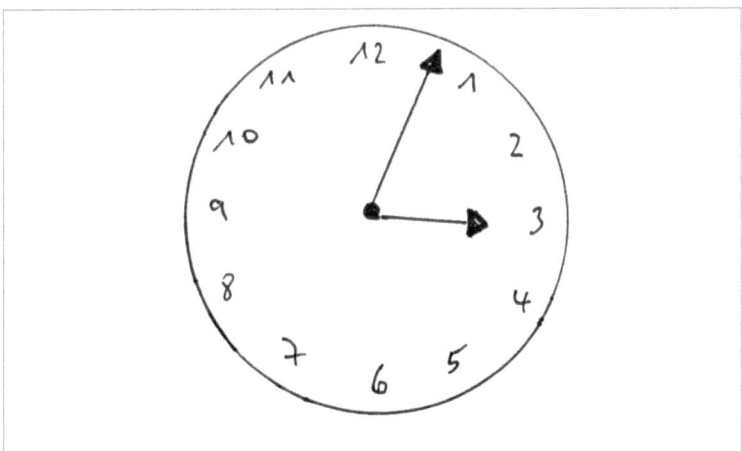

Die 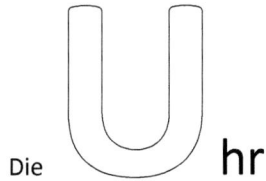 hr

zeigt an, wie spät es ist...

A B C D E F G H I J K L M N O P Q R S T U **V** W X Y Z

Fast jedem 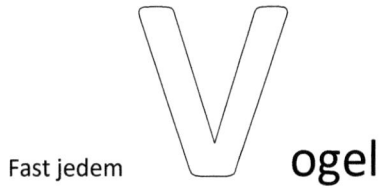 ogel

ist es möglich, hoch in die Lüfte zu fliegen…

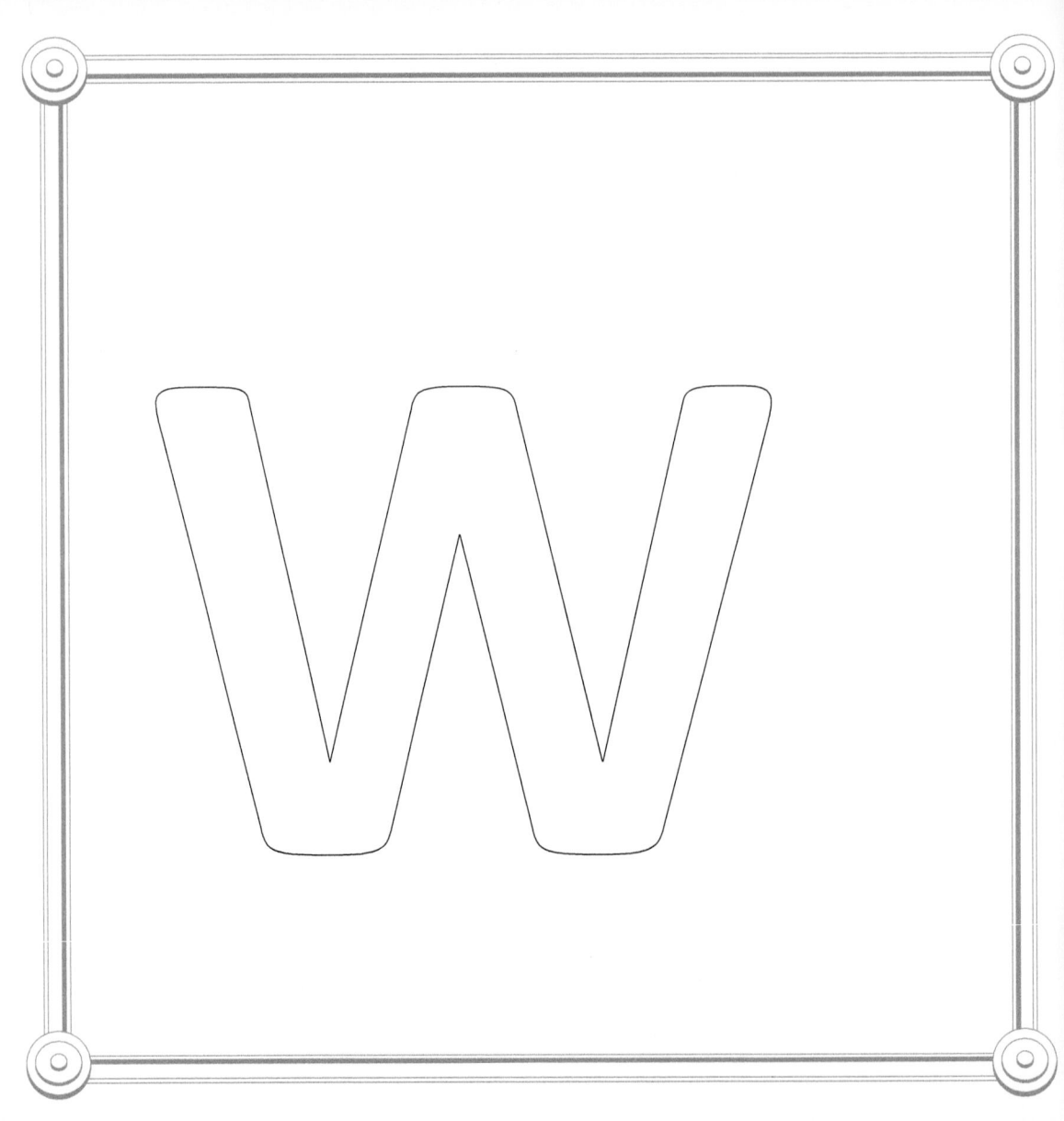

A B C D E F G H I J K L M N O P Q R S T U V W X Y Z

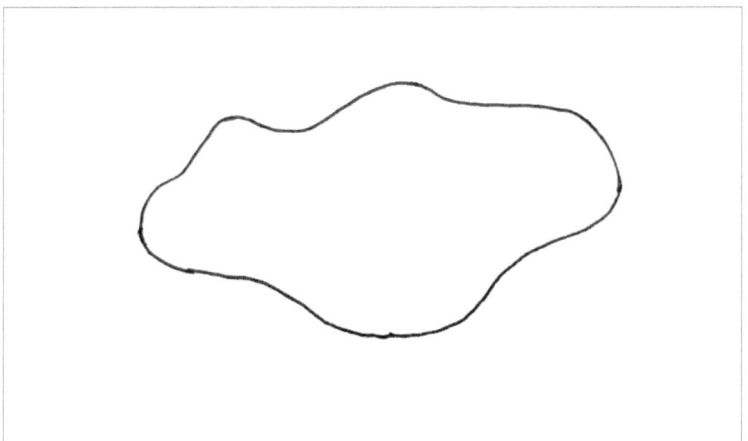

Wenn sich eine W olke

am Himmel vor die Sonne schiebt, gibt es Schatten…

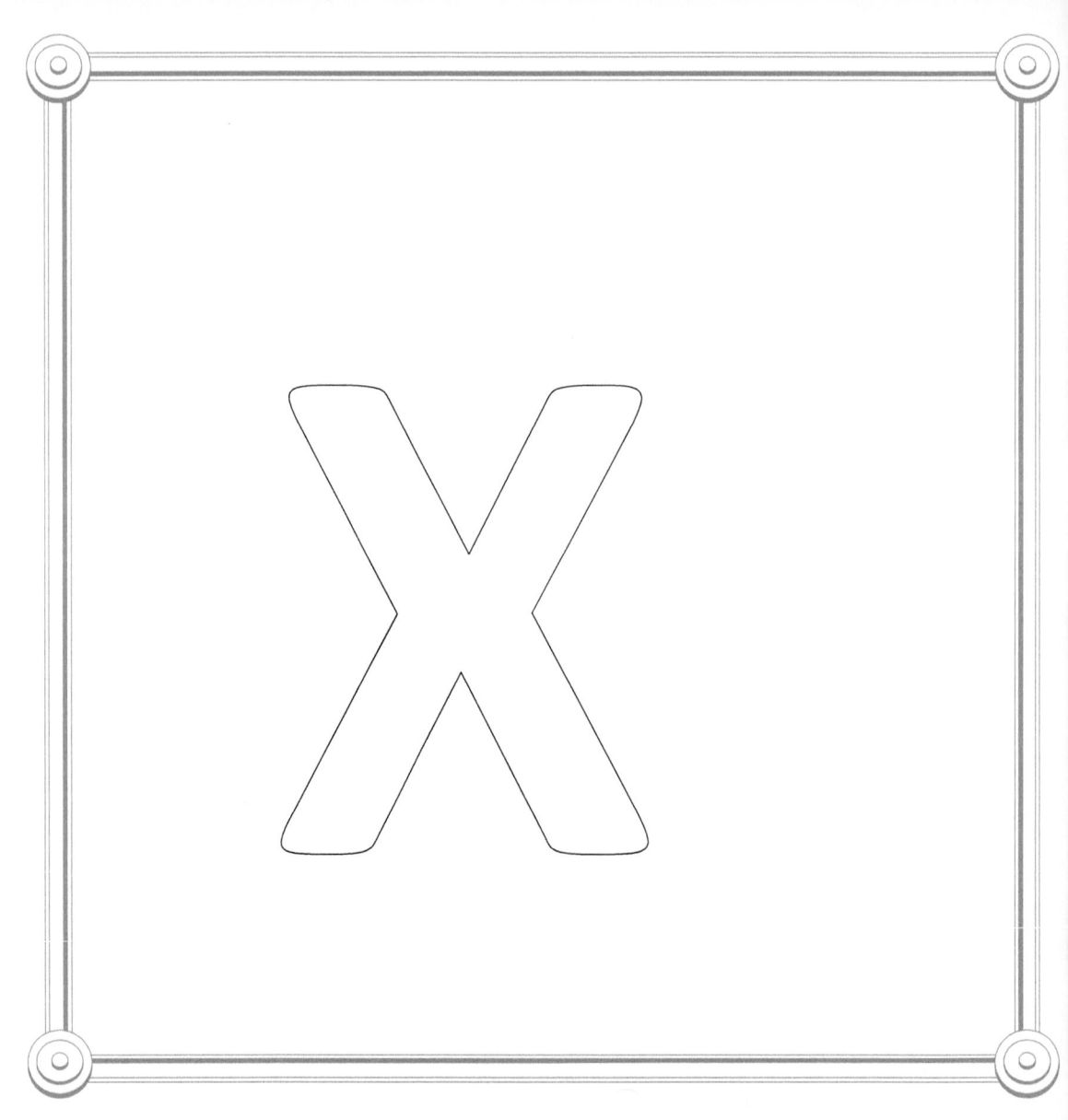

A B C D E F G H I J K L M N O P Q R S T U V W **X** Y Z

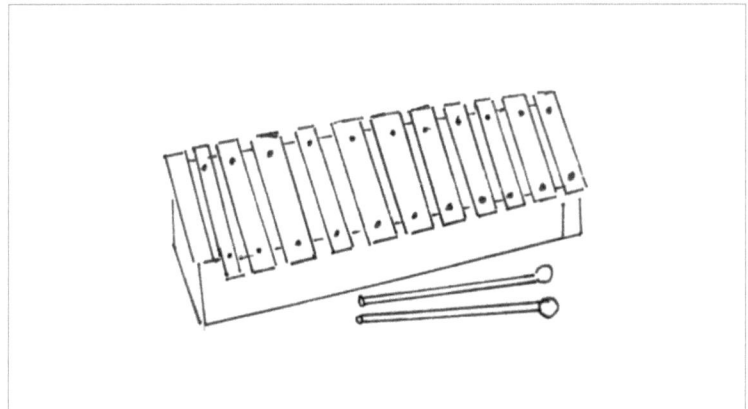

Das ylophon

ist ein Musikinstrument...

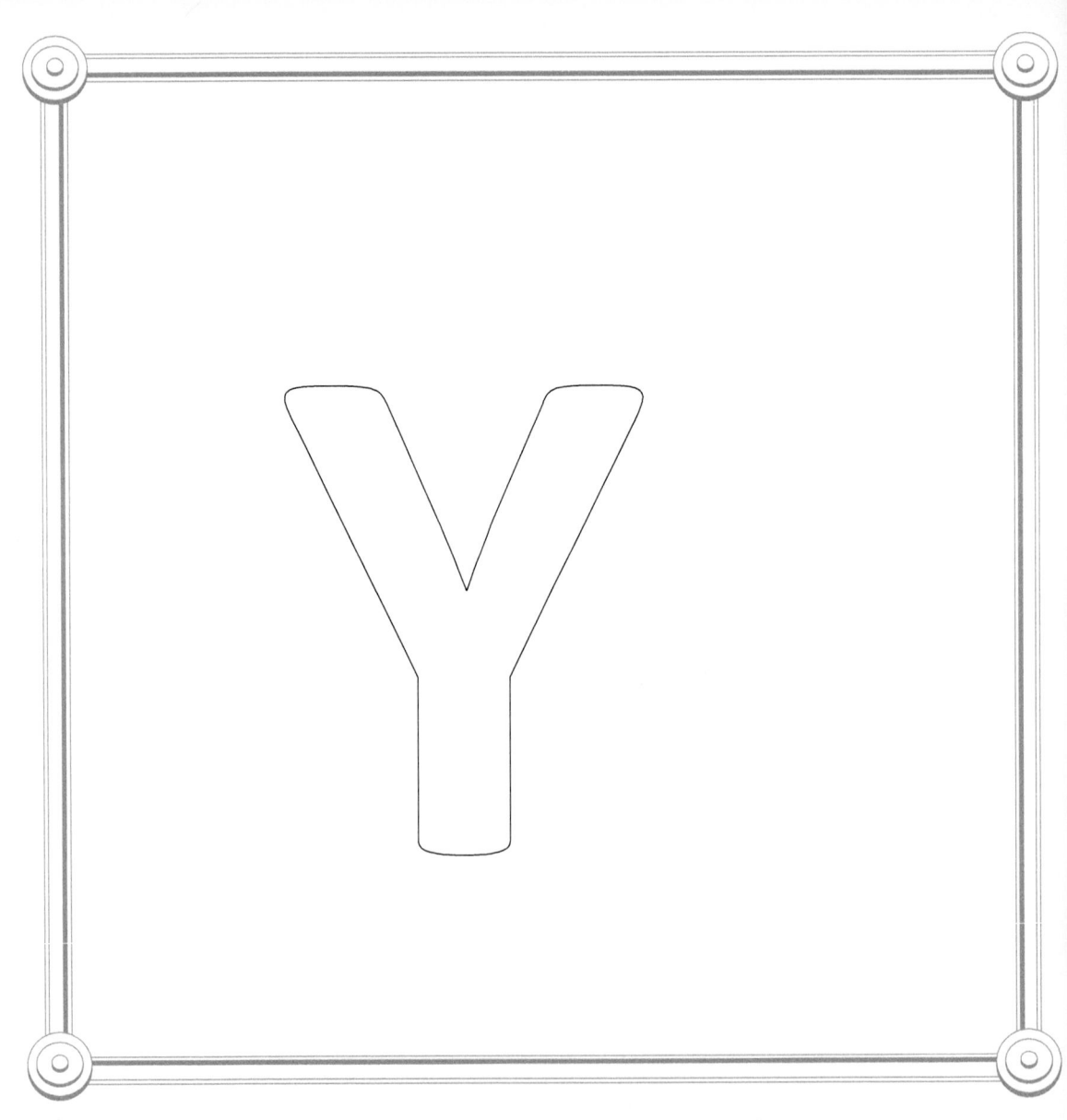

A B C D E F G H I J K L M N O P Q R S T U V W X **Y** Z

Ein  ak

bleibt beim Weiden gern nahe bei seiner Herde...

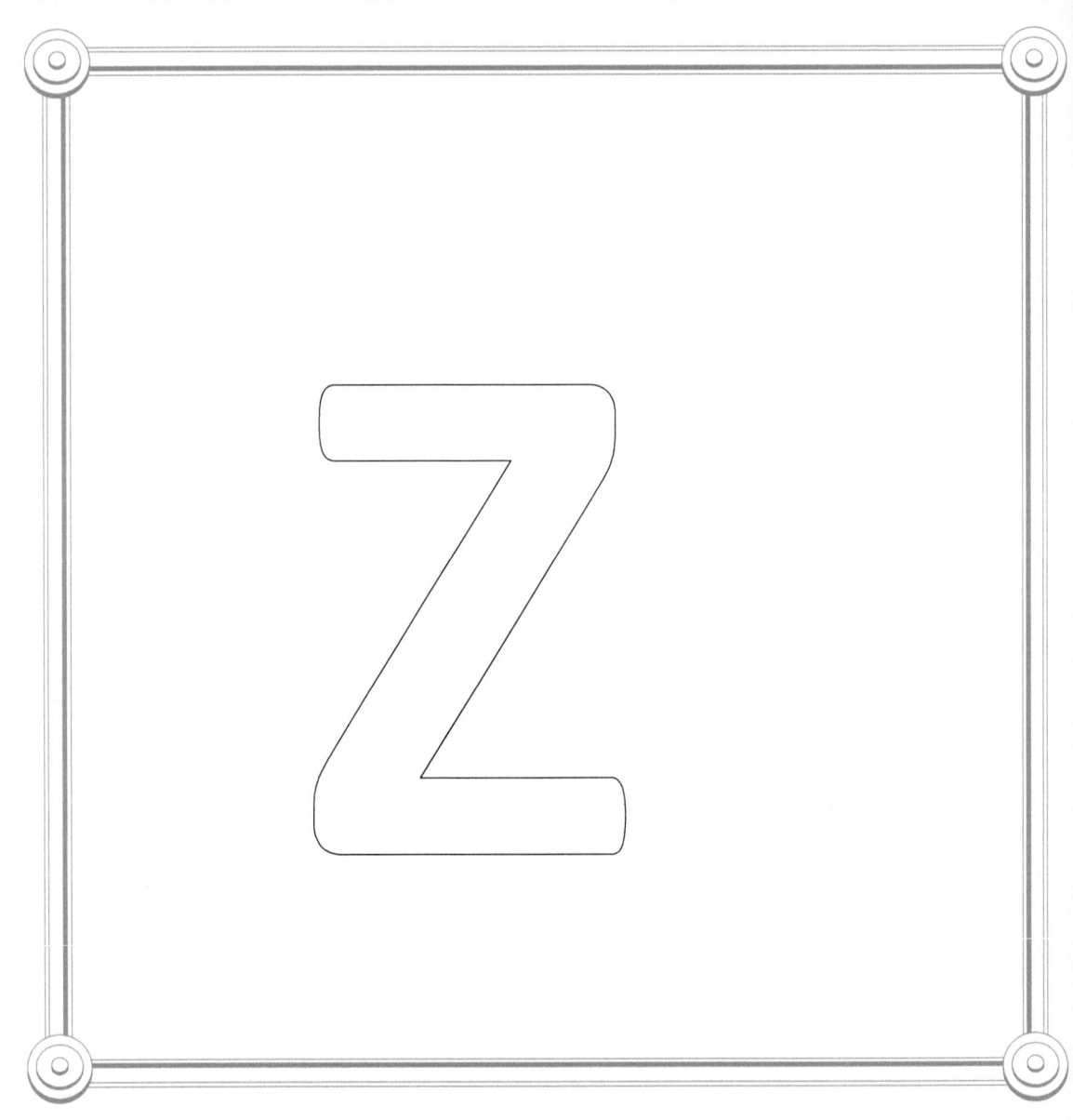

A B C D E F G H I J K L M N O P Q R S T U V W X Y Z

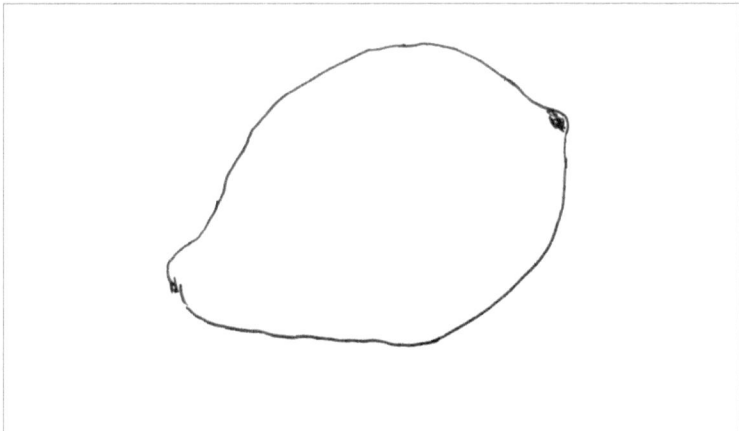

Die Zitrone

ist eine saure Frucht...

Für die kleinsten Leser:

Mit dem Finger Großbuchstaben nachmalen lassen.

Die Texte und Bilder zu diesem Malbuch entstammen, teilweise auch in veränderter oder gekürzter Form, den farbigen Ringbuchausgaben:

A – Z Kunterbunt. Das ABC lernen mit Buchstaben und Bildern. Norderstedt 2016,

A – Z Tiere. Das ABC lernen mit Buchstaben und Tierbildern. Norderstedt 2015

sowie dem Malbüchlein:

A – Z Malen. Buchstaben ausmalen zu Tierbildern. Norderstedt 2015.

Eine Haftung der Autorin für etwaige Personen-, Sach- und Vermögensschäden, die den Gebrauch dieses Büchleins nach sich ziehen, ist ausgeschlossen.

Über die Autorin:
Elisabeth Draguhn, geb. 1950, studierte nach der Kindererziehung Germanistik und Kunstgeschichte (M.A.) an der Heinrich-Heine-Universität Düsseldorf mit anschließender Promotion zum Dr. phil. (2011) und arbeitet als freie Autorin/Malerin.

www.elisabethdraguhn.de